Morrendo de Saudade

Escrito por Stuart & Linda Macfarlane
Fotografia de Richard Exley
Editado por Helen Exley

Dois é bom, dois é amor.
Um é solidão.

Triste e sozinho

A despedida é a divisão do amor;
resulta em você sozinho e em mim sozinho.

abraço e nunca mais soltar.

Quando você voltar, vou lhe dar um

De volta para casa

A melhor viagem
é aquela que nos reúne de novo.

é uma comemoração. Sempre.

Juntos de novo

Estarmos unidos de novo

Sinto falta de seu abraço.
Sinto falta de seu beijo.
Sinto falta de seu sorriso.
Sinto falta de sua risada.
Tanta coisa do que sentir falta.
Tanta coisa para esperar!

Sua cadeira vazia

Sua cadeira está vazia e, independente
de como eu gostaria que você estivesse aqui,
ela continua vazia.
Como a casa, minha vida está vazia sem você.
Eu quero que você volte.

Sentindo sua falta

A saudade não fica mais fácil com a prática.
Na verdade, sinto mais a sua falta,
não menos, cada vez que temos de nos separar.

Meu coração está mandando
um pedido de socorro.
Quem você ama está sofrendo.
Volte. Venha para casa.
Estou me sentindo triste.
Volte. Venha para casa.
Estou sentindo a sua falta.

Aonde quer que
você vá...

Aonde quer que você vá,
meu coração e meu amor
vão com você.

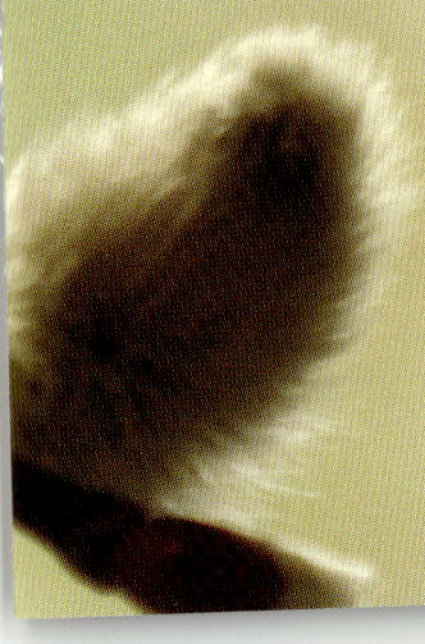

Nosso amor

Nosso amor é forte
e vai nos manter unidos
mesmo quando os quilômetros
nos separarem.

O elo de amor

O amor nos mantém juntos,
principalmente
quando estamos separados.

Se eu me concentrar
bastante,
estarei com você.
Outra cidade.
Outro país.
Tudo muito diferente.
Tudo tão estranho.
Sinto que estou com você.
Abraçando você.
Amando você.

... mais perto de você

Olho para a Lua e imagino
que você está olhando para ela também.
Assim, eu me sinto um pouco mais perto de você.

Independente de onde você estiver, estaremos sempre ligados.

Olhe para as flores
e lembre-se de mim.
Caminhe perto do rio
e eu estarei a seu lado.
Apesar de estarmos separados,
todo o meu amor estará com você.

Desligue o despertador,
feche as cortinas ao sol.
Não quero a manhã
se não estiver
em seus braços de novo...

Desligue o despertador

Quero tanto você...

Quero estar com você
onde você estiver
e aonde você for –
para que nunca mais
sinta a sua falta.

VOCÊ...

Você é a cola
que mantém minha vida inteira.

Sem você aqui, ainda não é primavera.
Sinto o frio do inverno.

Os pássaros não cantam.
As flores fecham as pétalas.
Assim como eu –
quando você vai embora.

na minha vida que é perdido.

Um dia perdido

Um dia sem você é um dia

Longe...

Meu coração foi colocado dentro de uma mala
– amassado entre meias e um pijama azul e velho.
Meu coração partiu em um Boeing 787
a uma altura de 40 mil pés.
Meu coração está em um hotel distante.
Em um país que mal conheço.
Cuide de meu coração até poder
devolvê-lo a mim com segurança.

Nossa casa vazia

Nossa casa é só paredes
e móveis
quando você não está dentro dela.

Flores sem abelhas.
Morangos sem chantili.
Árvores sem folhas.
Minha vida sem você.
Certas coisas não podem existir.

cama e seu amor em meu coração.

Tenho sua foto perto da minha

Quando você não está comigo,
meu mundo parece quebrado.
E quando você não está comigo, dói.
Doem lugares que eu não sabia que existiam.

Pensando em você...

Penso em você desde o momento
em que acordo até dormir –
sinto terrivelmente a sua falta.

Uma, duas, três.
Conto as horas
desde a sua partida.
Cada hora que se passa
é uma hora a menos
para você voltar.

O mundo
para de girar.

O tempo se arrasta devagar.
Cada hora parece uma vida.
Quando você não está comigo,
o mundo para de girar.

Solidão é estar numa multidão
sem você.

Solidão

Quero estar ao seu lado.
Não quero sentir a dor
de ficar sem você.

senti sua falta e senti sua falta!

Fiz três coisas hoje: senti sua falta,